Nicole Durand

REGARDS

ILS ONT UN REGARD

Ils ont un regard les animaux
Et nous disent leurs maux.
Certains sont pleins de tristesse
Et nous appellent sans cesse.
Ce sont des êtres sensibles
Leur détresse est perceptible
Leur regard est un livre ouvert
Et nous met le cœur à l'envers.

PROMENADE MATINALE

Les vaches se caressent

Pendant que les veaux paressent.

Les escargots s'embrassent

Et laissent des traces.

Les biches dans le pré

Ont les oreilles dressées.

Dans le fossé, les poires

Me donnent à boire.

Mais le ruisseau s'est tu :

Il n'a pas assez plu.

COMME LA LUNE

Au cœur de la nuit, la lune a brillé

Mais le message est brouillé :

Elle n'a pas la capacité,

Elle ne fait que refléter

La lumière du soleil

Mais c'est une merveille.

Comme la lune, notre regard est porteur

De la lumière intérieure.

ÉCRIRE MERCI

Écrire merci avec les nuages

Écrire merci au long des âges

Écrire merci pour une nouvelle page

Écrire merci avec notre vie

Écrire merci à un ami

Écrire merci à l'infini

Écrire merci avec nos chansons

Écrire merci quand nous luttons

Écrire merci quand le regard se fait plus profond.

ADORATION

Je me cache en toi

O mon divin roi

Tu es le Dieu tout-puissant

Tu agis à tout moment

Tu brises l'orgueilleux

Il compte à tes yeux

Il abandonne sa colère

Et se tourne vers le Père

Ton regard de compassion

L'amène à l'élévation.

L'ARBRE A PAPILLONS

C'est le lilas d'été

Il dégage un nectar parfumé

À la belle saison

Il attire les papillons.

Le parfum du lilas se répand

Les ailes des papillons le couvrent totalement

Il est magnifique

Telle une musique.

L'arbre à nectar

Attire le regard.

LA HUPPE FASCIÉE

La huppe fasciée

Picore le pré

De son bec recourbé

Je la regarde, elle me regarde

Elle a l'air de baisser la garde

Mais son attention, elle garde.

Je suis en éveil

Devant ses couleurs vermeilles

Soudain, son envol m'émerveille.

FIXER LES REGARDS SUR LUI

Fixe le regard sur Lui

Il est ton infini

C'est Lui ton repère

Ton Dieu, ton Père.

Il t'aime fort

Toujours et encor.

Il te donne un avenir, une espérance

La paix en abondance.

PLEIN LES YEUX

Le pont du Moudang
Est plein de gens.
Myriam et Benoît font de l'accrobranche
Vers l'eau, ils se penchent.
La forêt de Mélèzes
Nous remplit d'aise.
Sur le sentier des buis
Leur odeur puissante nous envahit.

BALADE EN MONTAGNE

Nous marchons vers Cadeilhan-Trachère

Cette promenade nous est chère.

Auprès de l'abreuvoir,

Se prélassent les cochons noirs.

Cette race de Bigorre

Représente un trésor

À la chapelle, nous nous reposons

Près de l'eau qui coule à foison.

Nous regardons au loin Saint-Lary

Qui paraît endormie.

MARIE-ANGE

Ses grands yeux bruns se sont fermés
Mais elle est toujours présente
Au milieu de sa famille rassemblée
Elle, la mère forte et aimante
Qui prenait soin de sa couvée.
Toujours courageuse et militante
Sur la pointe des pieds, elle s'en est allée
Son rire communicatif nous hante.
Elle aura beaucoup aimé.

ÊTRE REGARDÉ, REGARDER

Être regardé, regarder

Fait exister

Je rentre en relation :

Émerveillement que suscite la création

Je suis entraînée

Vers l'auteur même de la beauté

Quand se croisent les regards

Une révélation se prépare.

AU LONG DES PRÉS

Pieds nus sur la terre alanguie
Dans l'herbe nous guettons le pissenlit
L'odeur de menthe écrasée jaillit
Doucement, le printemps nous sourit
Les têtes tendres des bouleaux s'ébouriffent en I
D'arbres, d'oiseaux, de ruisseaux tout emplis
Nous nous penchons sur l'eau qui frémit
Tandis que le calme nous envahit.

.

PRINTEMPS

La montagne s'habille

De couleurs tendres

L'or des genêts pétille

À ne plus s'entendre

La vallée babille

À n'y rien comprendre

Le printemps dans le pré fourmille

Et se laisse surprendre

Le regard de ma fille

Se laisse prendre.

NATURE

Il pleut sur la colline

Au loin se devine

La courbe des ifs

Et le vol des oiseaux furtif.

Entends

C'est le vent

Qui frappe à la porte

De sa voix forte

Il était perdu

Il est revenu.

ZACHÉE, TRANSFORME PAR UN REGARD

Zachée, homme riche, petit
Monta sur un sycomore pour voir Jésus
Qui leva les yeux et lui dit :
« Zachée, hâte-toi de descendre, je t'ai vu
Car il faut que je demeure aujourd'hui
Dans ta maison : c'est jour de salut ».
Zachée se hâta de descendre et le reçut ;
Se tenant devant le Seigneur, il lui dit :
« Je donne aux pauvres la moitié de mes biens c'est ainsi ».
Le fils de l'homme est venu chercher ce qui était perdu.

UN COIN DE JARDIN PUBLIC

Un petit coin plein de verdure

Et de fraîcheur comme une parure

Un coin de Blanche Neige

Nous transporte sur les manèges

Les bambins s'égayent dans le sable

Les petites maisons sont adorables

Le temps s'égrène

Loin de la peine.

CHANGER LE REGARD

Changer le regard

Sur l'addiction

Ne pas mettre au placard

Mais aller vers la revalorisation.

Du jugement, il y en a marre

Son absence entraîne leur réduction :

Il n'est pas trop tard

Pour faire de la prévention.

UN REGARD SUR LE TRAVAIL SOCIAL : PREMIÈRE PARTIE

Le premier août 1975, j'ai débuté en qualité d'assistante sociale polyvalente de secteur à la D.D.A.S.S. d'Auch. L'école de service social nous avait inculqués qu'il faudrait lutter pour la reconnaissance de notre travail : le travailleur social, agent de changement ou simple exécutant ? Dès le début de ma carrière, remplaçant une personne qui refusait d'être une « bête à enquêtes », j'ai croulé sous la masse d'enquêtes en tous genres dites sociales (cette appellation ne veut pas dire qu'elles peuvent être effectuées uniquement par des assistantes sociales telles les enquêtes de contrôle d'aide sociale qu'il serait plus judicieux d'être faites par un contrôleur d'aide sociale. Donc surcharge d'enquêtes au début de ma carrière ; de plus la décentralisation a multiplié les échelons comme la circonscription (voir poèmes de la deuxième partie). La question restait entière : comment concilier un rôle d'écoute, d'accueil, de respect de la personne avec celui de contrôleur ?

LE REGARD que l'on posait sur les usagers me semblait déterminant :

UN REGARD DE CONFIANCE qui éveille leurs potentialités : ainsi telle personne, mal voyante, sourde, perd à quarante ans son père, sa seule béquille ; pas de possibilité de maison de retraite ni d'hospitalisation j'ai pensé que la solution était en elle : elle a rencontré la personne qui lui servira de tierce personne lui permettant de rester dans son environnement ce qui entraîne une baisse de coût pour la collectivité Elle a pu conserver son humour : malvoyante, elle disait volontiers » je n'en croyais pas mes yeux ».

UN REGARD ÉMERVEILLÉ par les stratégies des petits à développer des conduites de détournement pour assumer dignement des situations insoutenables : ainsi telle mère de famille, abandonnée de ses cinq enfants, tentait de contourner cet abandon, en portant toutes leurs photos quand elle allait au marché à pied et leur poids était lourd. Pour leur payer des cours de musique, elle n'avait pas hésité à fouiller les poubelles à la recherche de bouteilles pour les revendre ; les éclats de verre avaient blessé ses jambes, mal soignées ; plus tard, elle mourra du tétanos dans sa souffrance, je la trouvais digne.

UN REGARD SUR L'ENVIRONNEMENT pour repérer les gens les mieux placés, capables d'aider telle personne à restaurer un lien social brisé : ainsi des bénévoles d'une paroisse que j'avais contactés ont instauré autour d'une mère isolée et de son enfant handicapé une chaîne de solidarité : ainsi ce regard sur les gens me les a fait percevoir non plus comme des assistés mais comme des acteurs potentiels.

REGARD SUR LA POLITIQUE D'ACTION SOCIALE. En période de croissance où l'état se fait providence, la réponse à des besoins peut se concevoir, mais dans un contexte de crise, la politique d'action sociale traditionnelle paraît inadéquate face aux transformations économiques et sociales induites par la crise. Avec la décentralisation, on va essayer de faire mieux avec les moyens que l'on a en jouant sur les priorités, sur les responsabilités de tous les acteurs. On va passer d'une logique d'assistance providentielle à une logique d'objectifs, de projets, de plan d'action : on définit un certain nombre de priorités, on essaie de les traduire dans un projet qui puisse se réaliser sur un secteur déterminé : on est dans une perspective de développement. Cela ne veut pas dire que la relation individuelle disparaît, c'est le point premier, mais on aborde les individus en les resituant dans leur contexte, on repère les solidarités. Le RSA peut-être aussi l'occasion de permettre aux gens de retrouver leur identité pour ensuite pouvoir s'inscrire dans un projet, par l'intermédiaire d'un contrat qui a du sens. Ce travail par objectifs n'annule pas la polyvalence : il suppose une autre organisation plus souple qui permettrait aux travailleurs sociaux d'être moteurs de projets souples non rigides, permettant de s'adapter en permanence aux situations nouvelles.

REGARD SUR LE TRAVAIL SOCIAL : SECONDE PARTIE

HYMNE A L'ENQUÊTE

Que serai-je sans toi, ma seule identité ?
Dès que je te vois, mon cœur est en émoi
Rose, bleue, verte ou pain brûlé,
Pour composer un tableau de choix
De cette palette je ne sais me passer.
Bienheureuses conventions entre dignitaires signées
Qui pour EDF qui pour HLM en enquêtes illimitées
L'argent, de l'état à l'état
Ne cesse de couler.
Enquête, ne me quitte pas
Sans toi, je n'existe pas.

PLAIDOYER POUR LES CHARGÉES DE TROP

Nous « les assistances » sans particule

Nous les braves petites mules

Chargées de tout sauf d'insertion

R.E.G.A.R. en a toute l'instigation.

Les spécialisées de plus en plus détachées

Nous définissent la suite à donner.

Qui allégera notre fardeau

Si pesant à notre dos

À nous aux cent spécialités ?

La corbeille en est pleine

De nos sueurs, de nos peines

Irons-nous des handicapés grossir

Les rangs ou des retraités anticipés ?

Qui saura à temps faire jaillir

En nous l'énergie, la source cachée ?

CIRCONSCRIPTION, TION, TION

Circonscription, lieu de nos défenses aiguisé
Signe de nos différences
Cirquélocution, lieu de mots refoulés
Et de parole redondance.
Circonvolution, tu n'en finis pas de te chercher
Au long des jours et des années.
Circonvulsion, voici le temps des transes
Et de l'enfantement toujours repoussé
Circoncision, viendra le temps des têtes coupées
Le diable est entré dans la danse.
Mais le développement social, où est-il passé ?
Dans le quartier, là-bas, il se balance.

AU PAYS DE DÉCENTRALISATION

Vers la terre promise de décentralisation
Le peuple de préfecture D.D.A.S.S. s'avançait
Tressaillant d'allégresse comme on entre en religion
Et devant son grand prêtre Joseph se courbait
Ployant l'échine et confit en dévotion.
Dans son palais de marbre, sa gloire éclatait
De liberté, de conquête, en cette terre de Sion
Dans son rêve aux ailes déployées s'enfermait.
Ce fut, des directeurs, la multiplication
Et l'étau peu à peu se resserrait.
Dure fut la chute, s'achève l'illusion.
Debout, peuple décentralisé
À toi, vient la liberté !

REGARDS

DE MALEBRIC AU COUCHANT

Soleil rouge brisé

Horizon de bleu bordé

Pin en parasol incliné

Maison en sentinelle dressée

Paix et ardeur mêlées

C'était par un soir léger

De printemps retrouvé

Sur la colline aux rêves éparpillés.

VOYAGE ?

Face à la poudre, à la blanche qui t'a pris
Je m'inscris en creux
Et toute désarmée, je ne peux
Qu'être là et te prie
De recevoir la chaleur
Que j'ai reçue d'ailleurs

Et elle parle de sa vie sur les bateaux
Elle, une femme, et eux, des hommes
Devant moi, défilent ces étendues d'eau.
Les fruits et les fleurs des îles à son cœur étaient un baume
Ils adoucissaient la rudesse des matelots
Et donnaient au navire le visage d'un home.

PARFUMS DE TERRE MOUILLÉE

Trois marches de terre mènent au petit pont rustique,
De planches improvisées
Dans l'allée moussue, aux verts recomposés,
S'enfoncent mes sabots.
L'odeur de terre mouillée surgit,
M'enveloppant d'un tendre halo.
Terre, mère nourricière, les feuilles de chêne
S'abandonnent à toi pour te nourrir.
Je te sens et tu m'apaises.
Tu accueilles l'eau et la transforme
En parfums inégalés.
De toi, mêlée à l'eau, sourd la vie.

REGARDER A TOI

Regarder à Toi

Quand je t'ouvre mon cœur

C'est ma vie, ma foi

C'est tout mon bonheur.

Je doute parfois

Mais j'éloigne le malheur

En m'accrochant à Toi

Et s'écoulent les heures

LE LONG DE LA COMBE

Par le sentier, d'aventure j'allais

Pommes, poires s'offraient.

Drapée dans mon jeûne, je résistais

En haut de la combe, à même la terre me reposais

Et le chêne ami sur moi s'épanchait.

Sur l'autre combe, le château médiéval se découpait

Et les maisons, posées sur la colline s'effilochaient.

Se perdait le chemin, barré de genêts

Un éclat de schiste brillait

Comme Petit Poucet le ramassais

Je fis provision et le chemin retrouvais :

À la maison il me ramenait en Paix.

LE CŒUR AU BORD DES YEUX

J'ai le cœur au bord des yeux

De mon amour coupé en deux.

C'était le temps de la rupture

Le temps était de la fracture.

Mais vient le temps où s'apaise la morsure

Vient le temps où se ferme la blessure.

J'ai le cœur au bord des yeux

Et mon amour s'est multiplié par deux.

LES GRANGES DU VAL

Longeant les prés, éclairés de narcisses,
Retentissant de parfums, de musique,
De grillons entêtés et joyeux,
D'un pas égal, nous allions
Vers les granges du val.
La route, fraîche d'arbres
Traversait des villages assoupis
Aux fontaines cachées.
Les granges se blottissaient
Au creux du val.
Seul, le gardien du troupeau veillait
Chien fidèle, et nous précédait
Dans les ruelles endormies,
Notre regard était émerveillé.

HIVER

Ce matin, les arbres nus

S'habillent de neige

Dans un silence d'arpège

Les flocons se ruent

Et tourne manège

À neige que veux-tu

Contre moi s'endort mon enfant repu.

Je regarde la nature comme un sortilège.

NOTRE MAISON

Notre regard s'attarde sur la maison,
Petite mais remplie de fleurs.
Couleurs et parfums se répondent.
Au flanc de la maison, le jardin à légumes
Orgueil du propriétaire.
Planchers cirés, meubles polis
Aux fenêtres des rideaux à l'ancienne
De rares cris d'enfants,
Mais la plénitude comme l'encens.

QUAND ON TOURNE SES REGARDS

Quand on tourne ses regards vers Lui

On rayonne de joie

L'œil de l'Éternel me poursuit

Il est attentif à mes cris

Il me défend, moi

Il me délivre et il me dit :

« Viens, ma fille, écoute-moi ».

CHANTE ET PLEUT

Ancêtre de l'arrosoir
Aux fleurs, elle donnait à boire :
C'était une jarre, par le bas, ouverte
Qui laissait les plantes vertes.
Au Moyen-Âge, les paysans
S'en servaient, contents.
Diverses légumineuses
Donnaient des soupes savoureuses
Chante et pleut en mettait plein les yeux
Et avait un son joyeux.

LES FEMMES ABEILLES

Sous la main des femmes abeilles

Les fleurs de Chine se réveillent.

Il manque des butineuses

Pour rendre la nature heureuse.

Leur travail de fourmi est récompensé :

Les arbres ont pu donner

De beaux fruits en leur temps ;

Les paysans sont contents.

Et le regard des femmes abeilles

Devant cette abondance, s'émerveille.

AU POINT DU JOUR

Au point du jour

Je suis allée vers le ruisseau :

Il n'avait pas atteint son niveau de toujours

Mais se regonflait en eau.

Le coq chantait dans la cour

Commençaient à s'agiter les animaux.

Je leur fis un rapide bonjour

Car l'averse tombait à seaux.

La pluie de ce jour

Me procurait le repos.

LE REGARD DE FÉLINE

Le regard de ma chatte me hante :

Elle était sur la pente

De la mort ; ses yeux

M'ont dit adieu.

Je n'étais pas là

Lorsque, pleine d'effroi.

Elle s'est accrochée au grillage

Pour son dernier voyage.

LE RUISSEAU A SEC

Je suis allée jeter un regard

Sur mon ruisseau :

Il est trop tard

Il n'y a plus d'eau.

Devant ce manque, je fais ma part :

Je me tourne vers le Très Haut ;

Qu'Il nous prépare

Des averses à plein seaux !

LE BAOBAB

Le baobab retient le ciel

Autour de la terre.

Son tronc est matriciel

Et a un air débonnaire.

Pour le pays, il est essentiel

Et se montre volontaire ;

Il fait partie du patrimoine immatériel

Et a un caractère visionnaire.

IL LE REGARDA ET L'AIMA

Un jeune homme accourut

Se jeta aux pieds de Jésus

Et lui demanda : « Pour gagner mon salut

Que dois-je faire ? » Dès ma jeunesse

J'ai observé les commandements sans paresse

Mais j'ai de grandes richesses

Jésus lui dit : « vends tout ce que tu as, suis-moi »

Alors le jeune homme, triste, partit. Jésus ne le jugea pas

Mais le regarda et l'aima.

REGARD

Son regard a parlé

Il a crié « Je t'aime »

Les mots prononcés

Eussent été blasphème

Son regard a suppléé

Par ce stratagème.

Il ne s'y est pas trompé

Il a couru même

Ses bras, il a caressé

Mais vers Celui qui sème

Elle s'est tournée

Et l'Amour, elle parsème.

Direction d'ouvrage :

« Dialoguer en poésie »

15 rue de Sardac 32700 Lectoure

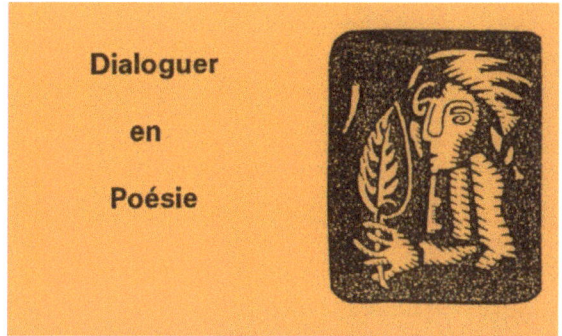

http://pierre.leoutre.free.fr/dialoguerenpoesie

et avec le soutien de l'Association « Le 122 »

15 rue Jules de Sardac 32700 Lectoure

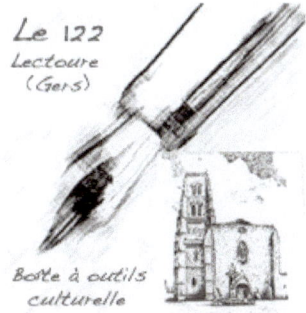

http://pierre.leoutre.free.fr

Éditeur :
Books on Demand GmbH,
12/14 rond-point des Champs Élysées,
75008 Paris, France

Impression :
Books on Demand GmbH, Norderstedt, Allemagne

ISBN : 9782322084913

Dépôt légal : octobre 2017

www.bod.fr